LA MAISON DES ÉTUDIANTS DE L'INDOCHINE

COMITÉ DE LA MAISON DE L'INDOCHINE
10, RUE DE LA BOÉTIE, 10
PARIS (VIII°) — MDCCCCXXVIII

LA MAISON
DES ETUDIANTS
DE L'INDOCHINE

La Cité Universitaire de Paris

L'Université de Paris a toujours été un centre d'attraction pour la jeunesse de tous pays, désireuse de s'initier aux études supérieures de l'esprit. Après les traités de 1918 et 1919, qui ont rendu à la France sa place normale dans une Europe à l'équilibre rectifié, le prestige de la victoire a ajouté encore à cet attrait et à cet éclat. Dès 1925, le nombre des étudiants inscrits à l'Université de Paris dépassait vingt-deux mille, dont près de trois mille cinq cents étrangers.

Mais, en même temps, les exigences pécuniaires de la vie croissant tous les jours faisaient à ces jeunes gens, dont les familles sont loin d'être toutes fortunées, une situation délicate et difficile, assez difficile pour que l'on pût craindre de voir menacée la primauté de l'intelligence française dans le monde. Il fallait donc faciliter à cette jeunesse les conditions matérielles de l'existence quotidienne.

En 1920, M. Emile Deutsch de la Meuse, offrit, dans ce but, à l'Université de Paris, un capital de dix millions de francs, pour héberger la jeunesse studieuse, sous condition que les pavillons, destinés à recevoir trois cent cinquante étudiants, seraient édifiés sur le boulevard Jourdan, à hauteur du parc Montsouris, à proximité des Facultés, et dans le quartier le plus sain de la capitale. La loi du 27 juin 1921, exauçant les désirs du donateur, autorisait l'État à racheter à la Ville de Paris et à céder gratuitement à l'Université vingt-huit hectares des terrains des fortifications et de la zône.

La fondation Deutsch de la Meurthe a été inaugurée le 9 juillet 1925.

L'élan ainsi donné a entraîné d'autres initiatives françaises et étrangères. Un don de cinq millions, fait par M. et Mme Biermans-Lapôtre, a permis la construction d'une maison destinée à deux cents étudiants belges. Un don de deux millions et demi du sénateur canadien Wilson a permis l'édification d'une maison pour cinquante étudiants canadiens. D'autres dons ont été faits pour construire deux pavillons destinés à cinquante étudiants argentins, qui ont été inaugurés en présence de M. Doumergue, président de la République, le 28 juin 1928 ; une maison pour cent soixante dix élèves de l'Ecole Centrale a été édifiée; une autre de cent chambres, pour les élèves de l'Institut Agronomique.

Les Etats-Unis construisent actuellement une maison pour recevoir deux cents soixante quinze étudiants; l'Angleterre également un maison pour trois cents étudiants. Le Japon achève la construction d'une maison pour soixante étudiants.

L'Indochine française ne pouvait rester en retard sur les nations qui avaient répondu à l'appel de l'Université de Paris. En octobre 1929, les étudiants indochinois auront leur maison dans la Cité Universitaire.

Mais il ne suffit pas d'offrir à la jeunesse studieuse le seul logement. L'Université doit organiser et gérer les services généraux communs de la Cité (restaurant, bibliothèques, salles de réunion, de récréation), en un mot tous les locaux, jardins et terrains de sport où s'écoulera la vie des étudiants, en dehors des cours et conférences des Facultés.

Un don magnifique de cinquante millions, fait par M. Rockfeller, va permettre la construction de tous les services communs.

Cette vaste cité exige une administration autonome, nécessite un budget.

C'est dans l'intention de réaliser cette organisation que MM. Honnorat, sénateur, ancien ministre, Branet, conseiller d'Etat honoraire, et David Weill, banquier, ont offert à l'Université de Paris de créer un organisme privé apte à tous actes d'administration, et de confier à cet organisme la mission de réunir les ressources nécessaires à la construction, l'aménagement et l'exploitation des services d'intérêt commun de la Cité, et de concourir à leur administration. Tel est le but de la convention du 23 février 1925, passée entre l'Université de Paris, dans la personne de son recteur, et les trois fondateurs de l'établissement dit : « Fondation Nationale pour le Développement de la Cité Universitaire ».

La « Fondation Nationale » est dirigée par un Comité de Direction et un Grand Conseil.

Le Comité de Direction est composé comme suit :

Président :

M. ANDRÉ HONNORAT, *sénateur, ancien ministre.*

Vice-présidents :

MM. DAVID WEILL, *banquier.*

MARCEL DELANNEY, *ambassadeur de France, ancien préfet de la Seine.*

Secrétaire :

M. Jean Branet, *conseiller d'Etat honoraire.*

Membres :

MM. Charlety, *recteur de l'Université.*

Gabriel Cordier, *régent de la Banque de France.*

Henri Goldet, *ingénieur E. C. P., vice-président de la Fondation Emile et Louise Deutsch de la Meurthe.*

Roger, *doyen de la Faculté de Médecine.*

Honorable Philippe Roy, *ministre plénipotentiaire du Canada en France.*

Le Grand Conseil comprend, outre le Comité de Direction :

MM. Coville, *directeur de l'Enseignement Supérieur.*

Béhal, *professeur à la Faculté de Pharmacie.*

Gaullery, *professeur à la Faculté des Sciences.*

Gallois, *professeur à la Faculté des Lettres.*

Teissier, *professeur à la Faculté de Médecine.*

Gattino, *président de l'Association Générale des Etudiants.*

Mlle Marie, MM. Alricq, Bloch, Auscher, *membres de l'Association Générale des Etudiants.*

MM. GUILLET, *représentant de la Fondation de l'Ecole Centrale.*

LE COLONEL PRUDHOMME, *représentant de la Fondation Biermans-Lapôtre.*

BACRI, *représentant de MM. de Rothschild.*

GUEBHARD, *représentant de M. le Gouverneur de la Banque de France.*

Et, en outre, les souscripteurs d'un capital supérieur à cent mille francs.

LA MAISON
DES ETUDIANTS DE L'INDOCHINE

La Maison des Étudiants de l'Indochine

Parmi les jeunes gens qui s'inscrivent à l'Université de Paris, ceux qui viennent de plus loin sont, sans contredit, les Asiatiques de race jaune : et parmi ceux-là, les Indochinois nous tiennent le plus au cœur. Il était logique, et même nécessaire, que nous songions, nous, leurs protecteurs légitimes, à leur offrir chez nous — ce *chez nous* qui est un peu *chez eux* — les avantages que d'autres nations envisageaient pour leurs nationaux, avantages que nous préparions nous-mêmes pour leurs camarades, les étudiants français de la Métropole.

Nous étions amenés à ce projet par un sentiment très exact du devoir assumé vis-à-vis de ces jeunes gens, que nous avions invités à participer à notre civilisation et à nos sciences modernes, et à qui nous devions assurer la liberté, la paix et l'honnêteté de leur vie de travail. Nous y étions poussés par le très net désir des chefs de famille annamites qui nous avaient confié leurs enfants pour les rendre plus savants sans doute et mieux armés dans la vie, mais qui voulaient que leurs fils conservassent, parmi nous, les qualités et les traditions de leurs ancêtres et de leur civilisation propre. Enfin, nous comprenions très bien quelle protection morale, mais libérale et discrète, nous devions à ces jeunes générations, si éloignées de leur patrie et de leurs foyers, sur un sol presque inconnu d'elles et chez une race étrangère, et mises en face des conditions d'une existence imprévue, dont elles voyaient les agréments extérieurs, sans en pouvoir discerner les inconvénients et les tentations. Devant notre conscience avertie, se dressait donc notre devoir de pères adoptifs, ou, si l'on préfère, de frères aînés responsables.

Ces considérations si naturelles et à la fois si impérieuses, ont réuni, dans le même dessein et le même effort, le Ministre des Colonies, le Gouverneur général de l'Indochine, les Français d'Asie dont les intérêts et le labeur sont situés dans la colonie, et les chefs de famille ayant envoyé ou susceptibles d'envoyer leurs enfants dans la Métropole.

Un Comité d'Initiative s'est formé pour étudier les possibilités de la création d'une Maison des Etudiants de l'Indochine, dans le cadre des fondations et organisations déjà existantes sur les terrains de la Cité Universitaire.

Ce Comité d'Initiative fut composé comme suit:

M. A.-R. FONTAINE, *industriel en Indochine, président.*

Membres :

MM. PASQUIER, *directeur de l'Agence Economique en Indochine.*

2.

SIMONI, *président du Comité de l'Indochine.*
JACQUE, *industriel.*
VIGNE, *industriel.*
DO-HUU-CHAN, *colonel en retraite.*
TRAN-VAN-DOC, *président de l'Association Générale des Etudiants Indochinois.*
DO-DUC-HO, *secrétaire de l'Association Générale des Etudiants Indochinois.*

Les souscriptions sollicitées dès les premiers jours par le Comité d'Initiative ont dépassé presque spontanément la somme d'un million de francs, tant il est évident que notre devoir moral et notre intérêt politique, économique et social, sont identiques en ce qui concerne la forme et les moyens du concours immédiat et pratique que nous devons, dans la Métropole, à l'égard des jeunes générations indochinoises.

En cette matière, nous pouvons, par l'expérience des autres pays, déterminer le poids des charges qui nous incomberont. Les dépenses nécessaires pour une chambre d'étudiant, tout compris, atteignent une somme moyenne de cinquante mille francs. D'autre part, la Maison destinée à l'élite d'un peuple de plus de quinze millions d'âmes ne peut guère être préparée utilement pour moins de cent étudiants. C'est donc une dépense d'établissement de cinq millions, sans compter la réserve pour frais d'entretien et le fonds de roulement. La France et les autres nations qui participent à la Cité Universitaire de Paris ont toutes adopté la même base de calcul. C'est celle à laquelle le Comité d'Initiative s'est rallié quand il a envisagé et accepté les plans et les devis de la Maison Indochinoise, dont on peut voir le plan perspectif en tête de cette brochure.

Le Comité d'Initiative a rempli toutes les formalités imposées par le réglement général de la Cité Universitaire pour l'obtention d'un terrain et la signature du décret reconnaissant la personnalité de la Maison des Etudiants de l'Indochine.

Un Comité de direction fut alors constitué. Il comprend :

MM. CHARLÉTY, *recteur de l'Université de Paris.*

HONNORAT, *sénateur, ancien ministre, président de la « Fondation Nationale ».*

BARTHÉLEMY, *doyen de la Faculté de Droit de Paris.*

A.-R. FONTAINE, *président du Comité d'Initiative.*

PASQUIER, *directeur de l'Agence Économique.*

SIMONI, *président du Comité du Commerce, de l'Industrie de l'Indochine.*

JACQUE, *industriel.*

LAUNAY, *industriel.*

DO-HUU-CHAN, *colonel en retraite.*

TRAN-VAN-DOC, *président de l'Association Générale des Etudiants Indochinois.*

N..., *secrétaire de l'Association Générale des Etudiants Indochinois.*

Au cours de son dernier voyage en Indochine, M. A.-R. Fontaine a obtenu du Gouverneur général, du Directeur général de l'Instruction publique, et des Résidents supérieurs, toutes suggestions sur la participation possible, officielle et privée, de l'Indochine et des Indochinois, à la création et à l'organisation de la Maison. En outre, et aux termes du contrat de fondation, des comités locaux doivent être créés dans la Colonie pour servir de lien entre la Fondation Indochinoise et les familles des étudiants, et pour proposer les étudiants dignes de bénéficier de ces avantages. Ces comités locaux (approuvés par le Comité de Direction dans sa séance du 30 mai 1928), sont composés comme suit :

I. — COMITÉ LOCAL DE HANOI.

Un administrateur des Services civils, à la désignation du Résident supérieur.
Le représentant du Directeur général de l'Instruction publique.
Le Chef du Service de l'Enseignement au Tonkin.
Un des directeurs des Ecoles Supérieures de l'Université.
Le Président de l'Enseignement Mutuel.
Le Président de la Société d'Encouragement à l'Instruction occidentale.
M. TISSOT, *résident supérieur en retraite.*
S. E. HOANG TRONG PHU, *Tong-Doc de Hadong.*

S. E. PHAM VAN THU, *ministre des Finances en retraite.*

M. NGUYEN HOU CU, *propriétaire.*

M. BERNHARD, *directeur général pour le Tonkin et le Nord Annam de la Société Française des Distilleries de l'Indochine.*

M. DESSEILLE, *directeur de l'Imprimerie d'Extrême-Orient.*

Le Directeur de l'Ecole Puginier.

II. — COMITÉ LOCAL DE SAIGON.

Un administrateur des Services civils, à la désignation de M. le Gouverneur de la Cochinchine.

Le représentant du Directeur général de l'Instruction publique.

Le Président du Conseil Colonial ou son représentant.

Le Chef du Service de l'Enseignement.

Le Président de l'Association des Anciens Elèves du Collège Chasseloup-Laubat.

Le Président de l'Association des Anciens Elèves de l'Institution Taberd.

Le Président de la Société de l'Enseignement Mutuel.

Le Président de la Société pour l'Amélioration morale, intellectuelle et physique des Indigènes de Cochinchine.

M. le Doc PHU TUOI.

M. le Doc PHU VINH.

Le Directeur du Collège Chasseloup-Laubat.

Le Directeur de l'Institution Taberd.

Le Directeur du Collège Pétrus-Ky.

Le Directeur de l'Ecole Normale.

Le Président de l'Association des Commerçants et Industriels Annamites de Cochinchine.

M. THOMAS, *directeur général de la Société Française des Distilleries de l'Indochine pour la Cochinchine et le Cambodge.*

M. FILUZEAU, *directeur de la Compagnie des Eaux et Electricité de l'Indochine.*

III. — COMITÉ LOCAL DE HUÉ.

Un administrateur des Services civils, à la désignation du Résident supérieur.

Un délégué du Gouvernement Annamite.

Le représentant du Directeur général de l'Instruction publique.

Le Chef du Service de l'Enseignement en Annam.

Le Président de la Société d'Encouragement aux Etudes occidentales.

Le Directeur du Quoc-Hoc.

Le Président de l'Association de Secours et d'Assistance mutuels des membres de la famille royale d'Annam.
Le Directeur de l'Ecole Pellerin.

Le Comité de Direction, en sa séance du 30 mai 1928, prit connaissance de l'acte de donation et du décret d'acceptation de la donation (28 février 1928) rendant cette dernière définitive et donnant à la Fondation son existence légale.

M. Charléty fut nommé président d'honneur, et M. A.-R. Fontaine président du Comité de Direction et ordonnateur des dépenses.

Les plans de la construction, dressés par MM. Martin et Vieu, architectes diplômés du Gouvernement, ont reçu l'approbation du recteur de l'Université; les questions se rattachant à l'occupation du terrain ont été réglées avec la Ville de Paris; les cahiers des charges et devis ont été acceptés par MM. Sainrapt et Brice qui sont en mesure de commencer les travaux.

POSE DE LA PREMIERE PIERRE

DE LA MAISON

DES ETUDIANTS DE L'INDOCHINE

Pose de la première pierre
de la
Maison des Etudiants de l'Indochine

Comme le désiraient les créateurs et les animateurs de cette Maison Indochinoise, la pose de sa première pierre, le 11 juillet 1928, a offert le caractère d'une véritable solennité familiale, ainsi qu'il convenait à la naissance officielle d'un foyer devant rappeler à la fois, aux jeunes gens d'Annam, leur famille, leur rizière et leur tradition, et, par ainsi, réaliser sur la terre française la présence de la Patrie lointaine.

Le Ministre des Colonies, qui avait tenu à poser lui-même cette première pierre, en présence de

S. M. Bao-Dai, était entouré des hautes personnalités du pays dans l'esprit ou la carrière desquelles la colonie avait joué son rôle : M. Paul Doumer, président du Sénat, à qui l'Indochine doit une solide personnalité politique, financière et morale, laquelle dure encore aujourd'hui; M. Edouard Herriot, ministre de l'Instruction publique, grand maître de cette Université dont l'Indochine devient aujourd'hui une filleule immédiate; M. Honnorat, sénateur, président de la Fondation Nationale ; M. Charléty, recteur de l'Université de Paris; Mgr de Guebriant, supérieur des Missions étrangères; M. A.-R. Fontaine, président du Comité d'Initiative ; M. le député Varenne et M. Martial-Merlin, anciens gouverneurs généraux; M. Pierre Pasquier, directeur de l'Agence Economique; M. Simoni, président du Comité du Commerce, de l'Industrie et de l'Agriculture de l'Indochine ; M. Tran-Van-Doc, président de l'Association Générale des Etudiants Indochinois.

Les ministres de la Guerre et de la Marine s'étaient fait représenter.

Les discours qui ont été prononcés, devant une assistance de plus de mille personnes, où l'on comptait tout ce que Paris possédait encore, à cette époque avancée de l'été, de Français d'Asie, ont tous — et chacun suivant l'esprit de chaque orateur — mis en lumière les grands principes de la politique indochinoise, intellectuelle et sociale, et ont exhalé la sympathie active et tangible qui unit la Métropole à la Colonie.

DISCOURS DE M. A.-R. FONTAINE

Discours de M. A.-R. Fontaine

La Maison des Etudiants de l'Indochine, dont nous posons aujourd'hui la première pierre, est due, comme vous le savez, à l'union, dans un sentiment de générosité collective, du Gouvernement de l'Indochine, des Français qui, sous la protection du drapeau national, ont créé là-bas des exploitations, des industries, des usines, et des chefs de familles annamites, de qui les enfants viendront ici habiter et travailler, sous ces toits que nous allons construire.

Cette cérémonie ne constitue pas quelque chose de nouveau ou d'imprévu : c'est, au contraire, la continuation logique, solide et raisonnée, d'une histoire déjà longue, où les efforts conjugués de la France et de l'Annam ont créé, en Extrême-Orient, de la paix, de la richesse et de l'honneur.

Quelques mots suffisent à résumer cette histoire, ses fastes et ses résultats.

Il y a bientôt cent cinquante années (1784), alors que l'Empire d'Annam était désolé par l'insurrection sans cesse renaissante des Tayson, que le premier souverain de la dynastie Nguyen, S. M. Gialong, conseillé par l'évêque français Pigneaux de Béhaine, envoya son fils aîné, le prince Canh, en France, pour solliciter du roi Louis XVI le concours de nos soldats et de nos marins, afin de restituer la tranquillité à son royaume. Il a fallu cent années pour rendre à ce pays la paix définitive, assurée maintenant, sous le protectorat de la France, par la communauté des efforts et de la volonté des deux nations.

En 1922, les satisfactions matérielles étant acquises, S. M. Khaidinh, le douzième successeur de Gialong, envoya son fils, le prince héritier

Vinhtuy, pour demander à la France les bienfaits intellectuels de notre instruction et de notre civilisation nationales.

C'est, sur le plan supérieur de l'esprit, le même geste séculaire de l'Empereur Gialong, le geste par quoi l'Annam demande à sa protectrice et amie les moyens d'accéder à la situation des grandes nations, et le couronnement de son aide matérielle par son aide intellectuelle et morale. Et ce geste marque, d'une manière vraiment émouvante, la magnifique unité des relations, des sentiments et de la politique constamment pratiqués entre les deux pays et les deux peuples.

La République Française n'a pas manqué de faire, à ses clients et amis d'Asie, la même généreuse réponse que fit, à leurs aïeux, la monarchie. Tous les trésors intellectuels, littéraires et scientifiques, que possède la France enrichie et affinée par quinze siècles de travail, sont offerts aux jeunes Indochinois qui désirent y participer et en profiter.

La réponse française et l'exemple du souverain

annamite n'ont pas manqué — et tous ceux qui connaissent l'esprit de la race jaune en étaient certains par avance — d'exciter chez les Annamites ces dons d'émulation et de curiosité spirituelle qui sont toujours chez eux en éveil, et qui constituent une des plus précieuses caractéristiques de leur tempérament.

De même que les écoles fondées par nous dans le pays avaient été immédiatement fréquentées par un chiffre d'élèves toujours grandissant, de même de nombreuses familles ont envoyé leurs enfants dans la métropole, dès qu'elles ont su que nous mettions à leur service et à leur portée cet enseignement supérieur et technique français, auquel on ne saurait être complètement initié que dans la capitale de la France.

On comprend facilement que ce louable empressement crée de nouveaux devoirs à ceux qui l'avaient, pour ainsi dire, provoqué. Si nous devions aux jeunes gens d'Annam les sciences et la civilisation promises, nous devions aux chefs de foyer, qui nous les envoyaient en confiance, l'aide morale, grâce à quoi leur fils reviendront avec cet ensemble de qualités familiales et sociales, auquel tient essentiellement ce peuple annamite, courtois, disert, policé et tout fleuri d'un magnifique héritage philosophique.

Cette Cité, dont le Ministre des Colonies scelle aujourd'hui la première pierre, témoignage tangible de l'amitié française, sera la Maison où Annamites, Tonkinois, Cochinchinois, Cambodgiens et Laotiens trouveront, avec tous les éléments de leurs progrès, la tranquillité féconde et la paix honnête qui sont la première condition d'un labeur utile. Ils y trouveront les lumières définitives qui éclaireront les rudiments acquis par eux dans leur patrie d'origine. Ils y trouveront la sympathie active des Français d'Asie, heureux de les accueillir et de renouer avec eux les liens d'amitié qu'ils avaient là-bas avec leurs pères. Ils y trouveront enfin — et ne craignons pas de le dire — grâce aux grands exemples français qui leur seront offerts, l'esprit de conduite et de ferme propos qui leur permettra, en rentrant chez eux, d'être des hommes de bonne volonté, capables de mener leur pays dans les voies politiques et sociales, que nous leur aurons généreusement montrées et largement ouvertes.

Et après avoir vécu parmi nous et nous avoir compris, ils remporteront, sur le sol de leurs ancêtres, un peu de cet air de France, où les âmes s'ouvrent, où les libertés s'épanouissent, et où la gratitude est facile, puisqu'elle vient à la fois du cœur et de la raison.

DISCOURS

DE M. ANDRE HONNORAT

Discours de M. André Honnorat

Monsieur le Ministre des Colonies,

C'est à vous d'abord que vont aujourd'hui nos remerciements.

Nous nous y sentons obligés moins encore par l'honneur que vous nous avez fait en acceptant de présider cette cérémonie, que par le concours exceptionnellement précieux que vous nous avez prêté en vous faisant l'initiateur de la grande œuvre dont nous allons tout à l'heure, avec vous et avec S. M. Bao-Daï, fonder les assises.

Nous n'avons garde d'oublier que si cette œuvre a si vite pris corps, c'est que vous avez trouvé, pour vous seconder dans la tâche, des dévouements

enthousiastes, comme celui de M. le député Varenne, votre collaborateur d'hier au Gouvernement général de l'Indochine, et comme ceux de
M. Raphaël Fontaine et de ses collègues français
et annamites.

Mais quelque vive que soit notre gratitude envers eux, c'est bien notre droit et notre devoir de
rappeler que l'honneur vous revient d'avoir, le premier, tracé la voie dans laquelle ils se sont si généreusement engagés.

Ceux qui savent avec quelle passion vous avez
toujours défendu les intérêts de notre haut enseignement, avec quelle ardeur vous avez toujours
soutenu et aidé les œuvres qui ont fait de Grenoble
l'un des centres universitaires de France les plus
fréquentés par les étrangers, ne seront pas surpris
de l'appui que nous avons trouvé auprès de vous.

Mieux qu'un autre, vous étiez à même d'ap-
précier les bienfaits que la « Cité Universitaire »
peut procurer à la jeunesse studieuse que nous en-
voient les peuples de la lointaine Asie sur lesquels

la France étend sa protection. Il est logique que vous ayez à cœur de les lui assurer. Il est naturel que nous ayons nous-mêmes à cœur de vous en témoigner bien haut notre reconnaissance.

Nos vœux, pourtant, ne seront exaucés que le jour où, grâce à vous, les fils de nos anciennes ou de nos jeunes colonies pourront, comme ceux des administrateurs que la métropole leur envoie, trouver, eux aussi, chez nous, le foyer qui leur manque.

Déjà, les souscriptions nous sont venues des deux extrémités du continent américain, pour permettre à quelques-uns des fils de nos nationaux établis en terre étrangère d'avoir accès à la Cité Universitaire. Vous trouverez légitime que nous souhaitions de voir cet exemple compris et médité de tous ceux qui secondent vos efforts; et, avec nous, j'en suis sûr, vous voudrez qu'à côté de la « Maison des Etudiants de l'Indochine », se dresse bientôt ici une nouvelle demeure destinée à abriter les étudiants d'outremer.

Sire,

J'ai dit à M. le Ministre des Colonies les espérances que nous fondions sur l'œuvre dont M. Raphaël Fontaine et ses collègues ont, à son appel, si libéralement assumé la charge.

La présence de Votre Majesté à cette cérémonie rend ces espérances plus vives encore. Car ce qu'elle atteste, c'est que les sentiments qui nous inspirent sont ceux qui vous inspirent vous-même.

Nous n'en doutions pas. Mais il ne nous en est pas moins doux d'en recevoir un témoignage aussi éclatant et de pouvoir vous dire publiquement combien nous y sommes sensibles.

Soyez assurés que nous nous emploierons à faire la vie heureuse aux jeunes gens qui vivront ici, que nous mettrons tous nos soins à leur faire comprendre la vie française, à atténuer tout ce qu'elle peut avoir pour eux d'imprévu et de déconcertant, à faire en sorte qu'ils se sentent de plus en plus chez eux chez nous.

Nous ne nous déclarerons satisfaits qu'à cette

condition. Et encore ne le serons-nous tout à fait que si des liens de mutuelle confiance et de sympathie réciproque s'établissent entre eux et leurs camarades de France, et si, grâce à ces liens, l'Indochine se sent de plus en plus moralement unie au pays qui a préparé son évolution et fait sa prospérité.

Il me reste, Messieurs, un dernier devoir à remplir, qui est de m'acquitter de la nouvelle dette de reconnaissance que nous venons de contracter envers M. le Ministre de l'Instruction publique, comme envers M. le Président du Conseil.

La Cité Universitaire leur était déjà redevable de services nombreux et inappréciables. Ils ont voulu faire plus : ils ont voulu assurer définitivement son avenir.

Sur leur demande, le Parlement a voté, samedi, une loi qui agrandit notre domaine d'environ quarante mille mètres. Grâce à eux, nous n'avons plus à craindre que les terrains nous manquent, nous pouvons accueillir tous les concours qui s'offrent à nous, et si, comme ils nous l'ont donné à espérer, ces quarante mille mètres peuvent s'augmenter un jour de tous ceux que représente l'Ecole de Dressage, nous serons assurés que Montsouris ne tardera pas à devenir, pour notre temps, l'équivalent de ce qu'était la Montagne Sainte-Geneviève pour les temps lointains dont nous nous efforçons de renouveler les traditions.

Quelle perspective ! Et quelle émotion nous éprouvons à entrevoir la réalisation de ce grand rêve au moment précis où nous devons livrer aux entrepreneurs un quartier nouveau de notre jeune Cité !

Nous voulons espérer, Monsieur le Ministre, que, pour achever de vous dire l'étendue de notre gratitude, nous n'aurons plus qu'un souhait à formuler : c'est de nous montrer dignes du crédit sans précédent que vous venez de nous faire.

Si nous y réussissons, notre ambition sera satisfaite, car nous aurons conscience d'avoir répondu à votre attente et contribué, pour notre modeste part, à faire gagner à la France l'une de ses plus belles victoires : celle de l'esprit et du cœur sur la sottise et la haine.

LA MAISON DES ÉTUDIANTS INDOCHINOIS

Pierre MARTIN et Maurice VIEU Architectes D. P. L. G.

CÉRÉMONIE DE LA POSE DE LA PREMIÈRE PIERRE
DE LA MAISON DES ÉTUDIANTS INDOCHINOIS

M. LÉON PERRIER, MINISTRE DES COLONIES,
SCELLE LA PREMIÈRE PIERRE

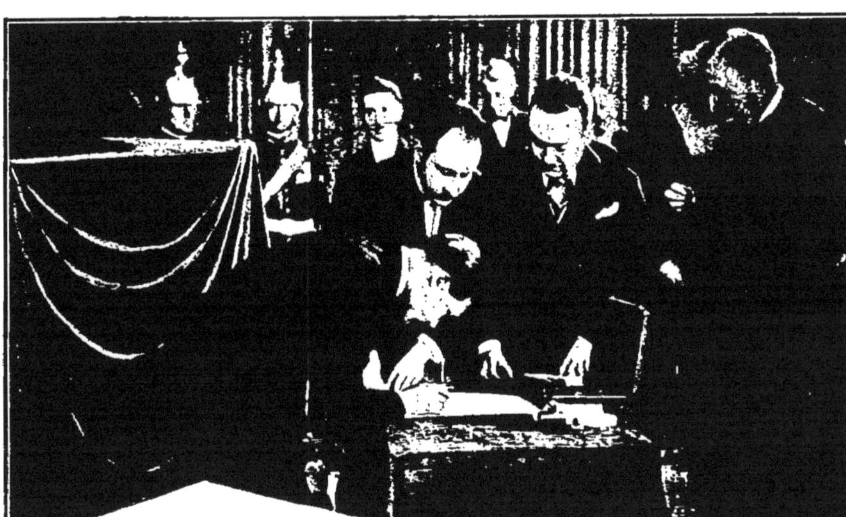

S. M. BAODAI, EMPEREUR D'ANNAM,
SIGNE LE PROCÈS-VERBAL

DISCOURS DE M. CHARLETY

Discours de M. Charlety

Si nous avons des devoirs à remplir vis-à-vis des étudiants français et des étudiants que nous confient tant de nations, nous ne saurions moins en avoir à l'égard de ceux que le sort a mis sous notre protection et dont il a indissolublement lié la destinée à la nôtre. Dans l'œuvre immense de notre colonisation réalisée par d'illustres efforts et de discrets héroïsmes, que notre hommage aille donc, en ce jour, à ceux qui, instituteurs et professeurs, ont construit les assises où s'appuie aujourd'hui la marche d'une élite vers l'enseignement supérieur. C'est grâce à eux que, sans renoncer à organiser chez elles les formes de la haute culture les mieux adaptées à leur passé et à leurs besoins nouveaux, nos colonies peuvent aujourd'hui songer à demander à la France une part de la science qu'elle distribue. Elles répondent ainsi à la plus généreuse de nos vues. Depuis que nous nous sentons tous membres d'un Empire — sur lequel non plus le soleil ne se couche pas — nous suivons avec passion le programme d'une politique qui affirme (pourquoi ne citerais-je pas ici les paroles d'un colonial illustre?) « non pas seulement les droits de la « nation colonisatrice, mais ses devoirs, et les « place au premier rang. Mieux encore! A son « effort civilisateur, elle veut, à mesure de leur « capacité, associer ses protégés, les appeler pro- « gressivement à la gestion de leur pays, les habi- « liter par l'éducation à cette collaboration, et « partageant avec eux les responsabilités comme « les bénéfices, hausser leur conscience peu à peu « éveillée et transformée jusqu'au sentiment lucide « de leur devoir, des obligations qu'ils contractent « envers nous pour la garde et la commune dé- « fense d'un patrimoine solidaire ».

Ces paroles de M. Albert Sarraut disent toute l'ampleur et la difficulté d'une tâche dont le but est clair, et dont les transitions difficiles sont proposées aux efforts combinés des Français d'ici et de là-bas. La cérémonie qui marque la naissance de cette maison montre avec quelle délicate finesse le problème a été compris et engagé. On a voulu que les étudiants venus de l'Indochine sur la terre de la grande Patrie ne fussent pas livrés à leur seule chance, bonne ou mauvaise. Les temps d'hospitalité hasardeuse seront bientôt révolus; l'accueil qu'ils trouveront ici leur réservera les plus douces sollicitudes de la France et aussi ses précautions les plus prudentes, celles qu'on doit aux plus jeunes de ses enfants.

Le pavillon qui sera construit par nos architectes leur rappellera l'art de leur antique et belle civilisation. Dans leur bibliothèque, les livres de leur sagesse se mêleront aux travaux de notre science et, sur les terrasses d'où ils contempleront nos platanes, ils respireront le parfum de leur pays.

Nous ne voulons rien détruire en eux, mais, par eux et pour eux, unir, concilier et créer. Les plus hauts exemples ne viennent-ils pas d'eux-mêmes et de leurs chefs? Que Sa Majesté l'Empereur d'Annam, Bao-Daï, qui poursuit ici ses études annamites et françaises, reçoive le salut de l'Université de Paris; il a droit à l'hommage de notre reconnaissance et de notre respect. Gardons-nous d'oublier les premiers pionniers, ceux d'avant-hier et d'hier, les voies préparées par l'activité puissante et la passion du bien public dont l'exemple fut donné par les gouverneurs généraux, la tradition des recteurs en mission, créée par M. Joubin; tout ce passé fut un stimulant pour les générations nouvelles. Ne suffit-il pas de lire la liste des souscripteurs pour y voir l'élan généreux et unanime créé dans la colonie par le Comité d'Initiative et son président, M. Fontaine? Un homme d'action, celui-là, qui sait allier la mise en valeur économique de notre joyau d'Extrême-Orient au souci de son progrès intellectuel. Ses écrits comme ses actes ont prouvé qu'il connaît, autant que ses besoins matériels, les désirs spirituels du peuple au milieu duquel il vit; il sait le prestige de la science chez cette nation sérieuse, intelligente et appliquée. N'est-ce pas une charmante légende que celle où l'on apprend qu'un Empereur d'Annam, s'il venait à renoncer au trône, ne trouverait pas de profession plus digne de sa grandeur passée que celle de maître d'une école de village?

Monsieur le Ministre, l'Université n'attend pas d'avoir achevé pour les élites de la mère Patrie l'exécution des projets qui lui sont chers; en faisant dans sa Cité une place aux fils lointains dont vous avez la tutelle, elle veut seconder les efforts d'un grand chef actif qui, nous le savons, aime son devoir et qui sait réaliser. Elle veut marquer avec vous qu'elle ne distingue pas dans son affection, d'où qu'ils viennent, les jeunes gens qui demandent à accroître leur savoir. Les étudiants d'Indochine seront ici les bienvenus.

DISCOURS
DE M. ALEXANDRE VARENNE

Discours de M. Alexandre Varenne

Monsieur le Ministre,

Messieurs,

Je remercie chaleureusement le Comité de la Cité Universitaire de Paris, et en particulier son éminent président, mon excellent ami André Honnorat, de m'avoir convié à cette émouvante cérémonie.

L'œuvre dont nous célébrons aujourd'hui les prémisses s'inspire d'une pensée politique de haute portée, digne de la grande nation dont nous sommes, à des titres divers, les représentants. Elle se propose d'assurer à l'élite des peuples d'Extrême-Orient qui vivent sous la protection française, les moyens de participer progressivement à l'administration de leur pays, à la direction de ses affaires, à la gestion de ses intérêts — toutes tâches que nous avons dû, jusqu'à présent, assumer presque seuls, mais auxquelles nous entendons appeler de plus en plus les Indochinois eux-mêmes.

Dans les dernières déclaraitons officielles que j'eus l'occasion de faire l'an dernier, comme gouverneur général, j'exprimais en ces termes la pensée de la France :

« Ce que nous voulons, c'est que nos protégés
« aient, de plus en plus, le sentiment, parce qu'ils
« en auront la preuve, que nous travaillons à les
« associer chaque jour davantage à l'œuvre de
« progrès que nous avons poursuivie dans leur
« pays, que ce pays, nous ne l'avons pas confisqué
« à notre profit, que nous entendons au contraire
« l'administrer avec eux et pour eux. Il faut
« qu'ils sachent que nous ne voulons pas barrer
« la route aux talents, ni confiner éternellement

« dans les emplois subalternes l'élite indigène qui
« s'introduit dans nos universités françaises ou
« dans nos écoles indochinoises, que le mérite
« sera par nous honoré, sans distinction de races,
« et que place sera faite à chacun selon sa valeur
« propre et non suivant son origine ou sa condition. »

Dans le domaine de l'enseignement, cette direction se traduit de deux manières : en Indochine,
par l'amélioration nécessaire de nos méthodes et
de nos moyens d'instruction, par une réforme d'ensemble de notre Université d'Hanoï et de nos éta-
blissements d'enseignement secondaire qui per-
mette à l'immense majorité de parachever leurs
études sur place, sans être obligés de s'expatrier;
— et M. le Ministre des Colonies me pardonnera
d'insister à cet égard pour l'adoption rapide des
mesures que j'ai suggérées depuis bientôt un an,
avec le concours de son délégué M. l'Inspecteur
général Gourdon; — en France, par des institutions du genre de celle dont voici les premiers

fondements, où viendront travailler, loin des agitations et des fermentations extérieures, les plus dignes parmi les jeunes Indochinois, ceux qui seront un jour, auprès des grands chefs européens, les piliers des administrations indochinoises.

En appelant ainsi la fleur de la jeunesse indigène à prendre place dans cette ruche universitaire, à côté des étudiants français et étrangers de tous pays, sur un pied d'absolue égalité, pour y vivre de la vie commune à tous, la France signifie assez clairement que sa politique coloniale doit ignorer les préjugés de races, et qu'elle entend traiter comme ses propres efnants les fils de cette Indochine dont les peuples sont placés sous la protection de son drapeau.

Messieurs, il n'est pas un Français ayant au cœur les aspirations traditionnelles de notre génie national, qui ne se serait intéressé passionnément à une si heureuse entreprise. Dès qu'elle fut proposée à mon examen, l'idée me parut assez séduisante pour qu'aussitôt fût décidé l'effort le plus actif afin de la réaliser à bref délai. D'accord avec quelques-uns des Français d'Extrême-Orient qui ont la claire conscience de la grandeur de notre mission, avec quelques Annamites de distinction qui professent sur l'avenir de notre Indochine les vues les plus conformes à nos propres traditions, nous pûmes, en quelques semaines, réunir les sommes importantes que réclamait la fondation de la Cité Universitaire Indochinoise. Une part des capitaux devait être recueillie ici, parmi les Français qui travaillent en Indochine, une autre part par les soins des Annamites amis de la France, le surplus devait être fourni par le budget de la colonie. Ainsi se trouvaient unis dans le même effort et la même pensée les divers éléments qui concourent au progrès et à la prospérité du grand pays dont nous avons la charge : les Français qui sont les pionniers de son développement matériel, les Indochinois qui ont le mieux compris et servi la politique altruiste de la France, l'administration française enfin, à qui incombe le soin de coordonner et de seconder l'activité de tous.

Je souhaite plein succès, Messieurs, à une initiative à tous égards si digne d'encouragement. Je suis fier d'avoir été, par le fait des circonstances, associé à la mise en train d'une telle entreprise, et je demeure convaincu que c'est par des œuvres comme celle-ci, conformes à son haut idéal de lumière et de paix, que la France sert le mieux le progrès général d'une humanité qui, après ses sanglantes épreuves, se hâte, espérons-le, vers de plus nobles destins.

DISCOURS DE M. TRAN VAN DOC

Discours de M. Tran Van Doc

Monsieur le Ministre,
Messieurs les Présidents,
Monsieur le Recteur,
Mesdames,
Messieurs,

Le grand honneur m'échoit de prendre la parole au nom des étudiants annamites, pour remercier M. le Ministre des Colonies d'avoir bien voulu venir présider cette cérémonie.

Sa présence ici témoignera de la sollicitude du Gouvernement Français pour les peuples Indochinois que, fidèle à son génie traditionnel et séculaire, la France s'est donnée pour tâche de guider dans la voie du progrès.

Cette Maison, destinée à recevoir une grande partie de la jeunesse studieuse de l'Indochine, sera un signe, une preuve tangible de cette sollicitude, car la jeunesse studieuse constitue les plus précieuses espérances de notre avenir national.

L'Indochine, sans nul doute, sera reconnaissante à la France tutélaire de sa générosité si conforme à sa grande mission dans le monde et à son passé glorieux et immortel.

Sire,

Vous représentez aujourd'hui l'esprit, l'âme de notre race. La jeunesse qui monte aura conscience d'y être fidèle. Elle est fière de notre long passé de labeurs, de culture, de luttes, de gloire.

L'avenir dont elle se prépare à devenir l'ouvrière sera fait du meilleur de nos traditions.

L'art, la pensée, la morale, composent un titre imprescriptible aux radieux retours, aux fiers renouveaux ; c'est une créance certaine sur la destinée pour ses dédommagements futurs.

Dans l'avenir, le peuple d'Annam vénèrera tout ensemble la vertu du sang de ses pères, le génie de leur esprit, la sagesse et la bienfaisance de nos traditions, et les hommes qui auront aidé tout ce beau patrimoine à se conserver et à se développer. De ces ouvriers indispensables, vous vous trouvez au premier rang, en tant qu'héritier de la Maison, qui, il y a plus d'un siècle, a parfait l'unité nationale.

C'est pourquoi, en cette occasion, je m'incline respectueusement et devant le représentant de la race, et devant celui de l'unique institution à laquelle, au cours de l'histoire, son sort s'est trouvé lié.

Nous saluons ici, en la personne de M. le Ministre de l'Instruction publique et en la personne de M. le Recteur, cette Université Française dont l'éclat unique, la renommée universelle, ne cesse de toujours grandir, au cours d'une existence millénaire, et qui est si accueillante pour les étudiants de toutes nations qui viennent recevoir d'elle le bienfait de la science et de la culture.

Elle a droit à la profonde et spéciale gratitude des étudiants annamites, pour l'enseignement si libéral, si généreux qu'elle leur dispense, et pour la bienveillance et la sollicitude de ses maîtres.

Les jeunes Annamites, assoiffés d'instruction, que n'a pu complètement satisfaire le régime scolaire de la Colonie, sont venus nombreux, ces dernières années, poursuivre leurs études dans la Métropole.

La France, d'ailleurs, l'esprit, le génie français, gagnent à être directement connus par eux : une instruction solide, un large savoir ne pouvant que faire aimer et vénérer la France, de même qu'une connaissance exacte de ses authentiques traditions, qui ne pourraient être acquis que sur place.

Mais jusqu'ici, les étudiants indochinois n'ont pu profiter comme il le faudrait de leur séjour en France. Ils se trouvent assez souvent dans une situation peu favorable aux études et qui tient à des causes d'ordre moral et pécuniaire, à l'ambiance, aux conditions de la vie, qu'une œuvre comme celle de la Cité Universitaire pourrait considérablement améliorer.

Et c'est pourquoi nous sommes particulièrement reconnaissants aux initiateurs, aux fondateurs, aux bienfaiteurs de cette œuvre de la Maison de l'Indochine, qu'ils soient inspirés, en la créant, en y donnant leur concours, par un intérêt bien compris ou par un idéal d'humanité et de philanthropie.

Nos remerciements vont de même, aujourd'hui, à cette assistance si nombreuse et si choisie qui nous apporte le témoignage de la sympathie, de la bienveillance du public français pour les étudiants indochinois.

Cette œuvre pourra, certes, contribuer à rendre plus effective et plus efficace la collaboration tant souhaitée enre les Français et le peuple annamite, spécialement représenté par ses élites.

La France, qui a une belle mission civilisatrice à

accomlir en Indochine, se doit d'initier les popula-
tions protégées à l'organisation, à la civilisation
moderne et, dans ce but, de former, de susciter des
élites dans le pays, par la culture de l'esprit et
l'instruction technique, et en confiant à ces élites
des postes d'initiative, de commandement, de responsabilité.

L'intérêt le plus étroit, le plus positif, de par le
cours des événements mondiaux, s'accorde ici avec
l'idéal le plus noble et le plus élevé.

Et c'est bien sous le signe de cet accord que
cette cérémonie de pose de la première pierre me
semble prendre tout son sens.

DISCOURS DE M. LEON PERRIER

Ministre des Colonies

Discours de M. Léon Perrier

MINISTRE DES COLONIES

Messieurs,

Rien ne me paraît plus émouvant que l'afflux des jeunesses coloniales, et tout particulièrement de la jeunesse indochinoise, vers la France et ses institutions intellectuelles.

Dès son entrée à l'école française, et quelles que soient les précautions prises pour maintenir l'enseignement en occord avec les traditions du milieu, le petit écolier indigène a l'impression de pénétrer dans un pays tout nouveau, où resplendit une séduisante lumière. On lui parle de la France comme d'une divinité tutélaire; on libère son âme des terreurs ancestrales; on lui communique la confiance en l'avenir et le sens du progrès, au lieu de lui imposer cet épuisant effort de mémoire qui ne laisse nulle place aux joies de l'esprit et qui, si longtemps, a paralysé l'activité intellectuelle de sa race : on ouvre ses yeux sur les mystères de la nature; on le conduit de découverte en découverte; on substitue, au nuage mystique où ses pères se débattaient comme des oiseaux apeurés, un monde logique, où peut naître et grandir le sentiment de la dignité et de la puissance humaines.

Qu'on le veuille ou non, qu'on s'inquiète ou qu'on se félicite de cette transformation, qu'on rêve de la précipiter ou qu'on s'ingénie à la réaliser par étapes, le résultat est inévitable et le fait est là : les meilleurs sujets de nos écoles indigènes sont saisis, si l'on peut dire, d'une double fringale, une fringale de France, une fringale de science moderne. Nous avons beau développer sur place les institutions d'enseignement, bâtir, comme en Indochine, des Universités luxueuses, concevoir des programmes qui tendent à concilier les attaches héréditaires et les aspirations actuelles : c'est toute la science et tout la France qui les hantent : c'est Paris, résumé de l'une et de l'autre, qui exerce sur eux une souveraine attraction; voyageurs attardés sur de longues routes arides, c'est à la source qu'ils veulent boire.

C'est ainsi que, tous les ans, à l'automne, le nombre s'accroît de ces jeunes gens avides de savoir, passionnément désireux de nous connaître, de nous voir de près, et, n'en doutez pas, tout disposés à s'attacher.

Au premier contact, Paris, avec son mouvement, son entrain, sa délicieuse liberté, Paris les enchante. Mais l'enchantement, chez la plupart, ne dure guère, hélas! et tourne souvent à de lamentables désarrois.

Ce qu'ils ont quitté, vous le savez : une vie familiale et sociale minutieusement réglée, la tiède atmosphère d'une civilisation ritualiste, une ambiance de coutumes aimables et de douces habitudes, plus nécessaires à leur santé morale que leur jeune ardeur ne l'imaginait. Et les voici jetés dans l'immense et tumultueuse cité, dans ce « désert d'âmes », où la solitude peut atteindre son point extrême.

Ils sont en France, mais ils ne sont pas chez nous. « Chez nous », ce serait le foyer familial, ce foyer qui, à travers les siècles, est demeuré si vivant et si pur, et dont le passant ne souçonne pas les touchantes et solides vertus. Certes, il est accueillant, le foyer français, et je connais nombre de jeunes coloniaux qui y sont assis; ceux-là sont sauvés; mais que tous puissent bénéficier de cette faveur, il ne faut pas y songer; ils sont trop.

C'est alors, pour beaucoup de ces dépaysés, une misère morale particulièrement cruelle, qu'il faut se garder de juger exclusivement sur ses effets, et qui mérite toute notre attention. C'es le labeur sans réconfort; c'est la nostalgie, avec ses amertumes et ses tentations; c'est, à côté du cœur qui se désespère, la tête qui succombe au vertige.

Enfants des lumineux pays d'Orient, devinez-vous quel affectueux émoi vibre en nous, quand nous vous voyons passer, frileux et désemparés, dans la brume glacée de nos hivers? Nous sentons bien que, si vous êtes ici, c'est que vous avez cru en nous; nous redoutons que cette confiance ne vous ait engagés à de trop rudes épreuves, et si vous lisez dans nos regards, vous y découvrirez sans peine cet élan de sympathie qui constitue, mieux encore qu'un don naturel, un besoin profond de l'âme française.

Seriez-vous tentés d'en douter, que la cérémonie d'aujourd'hui suffirait, je pense, à vous convaincre.

Cette maison que nous allons bâtir, ce foyer que nous allumons pour vous, ce n'est pas une de ces créations administratives, mécaniquement et froidement élaborées. C'est, au plus large sens du mot, une œuvre d'humanité, et vous le devez à l'accord spontané de générosités diverses.

Vous le devez d'abord au Comité du Commerce et de l'Industrie de l'Indochine ; vous le devez aussi au Comité d'Initiative et à son dévoué président, M. Fontaine, qui apporte à la solution des problèmes coloniaux une hauteur de pensée si remarquable ; et je me souviens avec reconnaissance de cette entrevue où, m'étant fait l'avocat des étudiants indochinois, je trouvai ma cause gagnée d'avance.

Puis, l'idée était à peine lancée que tous les concours nécessaires étaient acquis : la Cité Universitaire — une des parures de notre temps et la gloire de votre carrière, mon cher Monsieur Honnorat — la Cité Universitaire nous ouvrait largement ses portes ; les grandes sociétés françaises d'Indochine rivalisaient de largesses ; de nombreuses notabilités indigènes, avec cette promptitude d'intelligence et ce goût du beau geste qui ne les abandonnent jamais, tenaient à honneur de s'associer à l'entreprise ; M. le gouverneur général Varenne, fidèle à cette politique de rapprochement qu'il a pratiquée, se montrait — est-il besoin de le dire? — un des plus ardents ouvriers de la nouvelle demeure; enfin, Sa Majesté Bao-Daï, empereur d'Annam, que nous sommes heureux de pouvoir saluer ici-même, s'empressait de témoigner cette volonté de collaboration, ce noble souci de l'intérêt général, cette conscience de ses devoirs de souverain qui lui assurent la vénération de son peuple et l'entière confiance du Gouvernement Français.

Vous le voyez, Messieurs, pas une fée ne manque à ce baptême.

L'image de la maison, nous la connaissons par les dessins de Messieurs les Architectes. Elle sera digne de ses voisines. Sans tomber dans une inspiration exotique qui ne se prêterait pas à la destination du bâtiment, elle s'apparentera discrètement aux traditions esthétiques de l'Indochine, et l'aménagement intérieur donnera aux étudiants le sentiment d'être à la fois chez eux et chez nous.

Ce sera donc une belle et bonne maison. Mais je désire que ses habitants voient en elle autre chose qu'un abri confortable, autre chose qu'une de ces réussites matérielles dont l'Europe s'est fait une spécialité.

Nos étudiants d'Extrême-Orient — je n'hésite pas à le dire, puisque certains d'entre eux n'hésitent pas à l'écrire — ont parfois tendance à croire que notre civilisation est uniquement scientifique et technique, et que leurs pays gardent le privilège de la civilisation morale. On devine tout ce que cette hypothèse peut nourrir de malentendus, et il est bon de noter, à l'occasion, combien elle est fausse.

Sans doute, le nouveau venu, le nouvel initié, risque-t-il d'être aveuglé par ces gerbes d'étincelles qui jaillissent de nos laboratoires et de nos usines; sans doute, éprouve-t-il quelque difficulté à se représenter, sous l'incessant mouvement des inventions et des transformations matérielles, la persistance et la vigueur d'un idéal. Mais qu'il ne se hâte pas de juger, qu'il fasse la part des différences extérieures, qu'il n'accorde pas aux formules une importance excessive, et surtout, qu'il ne s'en tienne pas aux apparences du moment, qu'il saisisse les faits dans leurs origines et leur enchaînement. « Tu veux savoir? a dit Confucius. Lis le passé! » Lisez notre passé, Messieurs. Vous y trouverez les traces d'une âme qui, tout au long des siècles, s'est nourrie de noblesse : l'énergie, en elle, n'a fait qu'exalter la générosité ; au milieu des pires tourmentes, elle a toujours refusé de prendre les mauvais penchants pour des indications du destin, et, tout en cherchant à sa façon la vérité, elle a conservé, autant que toute autre, le culte du bien et la curiosité de la sagesse.

Et vous comprendrez par là comment cette Maison d'Indochine, qui va se dresser dans le ciel parisien, rejoint, dans un même plan d'élévation morale, la vieille montagne Sainte-Geneviève où toute l'Europe, depuis le Moyen-Age, est venue apprendre à penser.

Ici, dans ce cadre aimable et tranquille, cet

effort de compréhension trouvera, j'en suis certain, des facilités nouvelles, et c'est pourquoi l'on peut attendre de cette maison les plus larges bienfaits.

C'est la sagesse boudhique qui déclare :

« La pensée est difficile à contenir, légère, courant où il lui plaît. La dompter est chose salutaire; bien domptée, elle procure le bonheur. » Et encore : « De même que, dans une maison dont le toit est mauvais, pénètre la pluie, de même, dans un esprit mal surveillé, pénètre la passion. »

Il ne pleuvra pas, Messieurs, dans notre Maison, et les esprits y travailleront, sans autre passion que celle d'apprendre et de comprendre.

Aussi puis-je espérer qu'elle ne restera pas seule de son espèce. Cette pierre que nous posons aujourd'hui sur un point choisi de la terre de France, ce n'est pas seulement, dans ma pensée et dans celle des hommes de cœur qui m'entourent, l'amorce d'une Maison Indochinoise : c'est en même temps la première pierre de toute une cité universitaire coloniale, où se forgera définitivement, à la lumière des réalités historiques et dans le calme des réflexions sincères, l'union de la Métropole et de ses chères filles d'outre-mer.

*Voici donc la « Maison Indochinoise » née officiel-
lement. On voit, à la première page de cet opuscule, comment elle a été conçue par d'excellents architectes, et comment, au milieu de tout le confort et de toutes les facilités
que réclame le travail intellectuel, elle rappelle discrètement à ses habitants futurs les aspects des belles demeures
d leur lointaine patrie.*

*Mais la Maison Indochinoise n'est pas terminée : dans
la réalité, elle se compose aujourd'hui de cette première
pierre, solennellement posée, et qui attend les autres.*

*Elle est là, pour marquer le point de départ de notre
effort, et pour nous dire, d'une sorte pressante, ce que
nous devons faire pour arriver au but que nous nous
sommes volontairement assigné.*

*Volontairement, certes, mais nécessairement aussi; nous
n'avons plus à dire pourquoi il fallait que fût construite
cette maison, à la fois asile, témoin et garantie du labeur
honnête et paisible d'une jeunesse dont les événements
nous ont donné la charge et la responsabilité. Nous avons
promis ce qu'il était de notre devoir de promettre; nous
sommes maintenant engagés moralement à tenir la pro-
messe faite, dans les délais les plus courts et dans les
meilleures conditions.*

La liste — qui termine cet exposé — des souscripteurs actuels, montre bien comment les Français d'Asie, d'une part, et l'élite Annamite, d'autre part, ont compris cette obligation qui revêt, comme toutes les choses de l'esprit, un caractère impératif et — on peut le dire — sacré.

Or, on sait les sommes considérables souscrites par les autres nations pour les maisons de leurs étudiants. Celles qui devront être consacrées à la Maison Indochinoise ne sont pas moins importantes. Certes, nous n'avons pas fait de luxe superflu; mais nous avons voulu que les étudiants indochinois soient chez eux, et s'y sentent assez bien pour avoir envie d'y rester. Dans ces conditions, et à cette époque où l'indice de la vie, des matières premières et de la main-d'œuvre — surtout quand il s'agit de bâtir — est extrêmement élevé, nous devons envisager la constitution d'un capital qui n'est pas au-dessous de six millions de francs. C'est à nous, Français et Annamites, de le réunir : car les donations non spécialisées qui sont faites à la Cité Universitaire de Paris, vont aux services généraux de la Fondation Nationale, et non pas aux « Maisons » des diverses nations.

La souscription reste donc ouverte. Et l'appel que nous faisons ici, à tous ceux qui n'ont pas encore apporté leur participation, est d'autant plus pressant, que la rapi-

dité dans l'exécution de l'œuvre est une des conditions majeures des bienfaits que nous attendons d'elle.

Nous sommes convaincus que, conscients à la fois de leur devoir et de leur intérêt ,supérieur, les uns et les autres auront à cœur de terminer l'œuvre commencée, et que la Maison des Etudiants Indochinois, élevée au milieu de la Cité Universitaire de Paris, sera le symbole vivant de l'amitié des deux peuples, et la pépinière d'où sortiront, pour le plus grand bien de la France et de l'Annam, les meilleurs collaborateurs et les plus solides garants de leur fructueuse union.

SOUSCRIPTIONS RECUEILLIES

à la date du 15 Août 1928

■

I. — Sociétés et Groupements.

Banque de l'Indochine	100.000	»
Société Française des Distilleries de l'Indochine	100.000	
Compagnie Minière et Métallurgique de l'Indochine	10.000	»
Société Financière, Française et Coloniale	40.000	»
Société des Anthracites du Tonkin	10.000	»
Société des Automobiles et Cycles de l'Indochine	5.000	»
Société des Plantations d'Hévéas de Chalang	5.000	»
Société des Plantatios d'Hévéas de la Souchère	5.000	»
Compagnie Française des Tramways de l'Indochine	5.000	»
Société Coloniale des Grands Magasins	25.000	»
Union Commerciale Indochinoise et Africaine	25.000	»
Compagnie des Eaux et Electricité de l'Indochine	25.000	»
Agence Collective de Représentations Industrielles et Commerciales	2.000	»
Société Denis Frères. — Compagnie Franco-Indochinoise. — Compagnie Indochinoise d'Equipement Industriel	25.000	»

Société Indochinoise de Commerce,
d'Agriculture et de Finance . . . . . .   1.000 »
Banque Franco-Chinoise pour le Com-
merce et l'Industrie . . . .   25.000 »
Comptoirs Généraux de l'Indochine. . .   25.000 »
Etablissements Dumarest . . . .   5.000 »
Société W. M. G. Hale . . . .   5.000 »
Charbonnage du Dong-Trieu . . . .   10.000 »
Descours et Cabaud . . . .   25.000 »
Compagnie de Commerce et de Naviga-
tion d'Extrême-Orient . . . .   10.000 »
Société Domaine de Kébao . . . .'. .   10.000 »
Société Agricole de Suzannah . . . . . .   10.000 »
Société des Plantations d'An-Loc . . . .   10.000 »
Société Agricole et Industrielle de Cam-
Tiem . . . .   10.000 »
Société de Constructions de Levallois-
Perret . . . .   1.000 »
Société des Charbonnages de Ninh-Binh   2.000 »
Société d'Etude et d'Exploitation Mi-
nière de l'Indochine . . . .   1.000 »
Société des Ciments de Portland de l'In-
dochine . . . .   20.000 »
Crédit Foncier de l'Indochine . . . .   25.000 »
Compagnie Optorg . . . .   1.000 »
F. Duval et Compagnie . . . .   2.000 »
Compagnie Générale des Colonies . . . .   5.000 »
Diethelm et C° de Saïgon . . . .   5.000 »
Maison Berthet Lucien et C° . . . .   500 »
Société des Laques d'Extrême-Orient. .   2.000 »

Etablissements Bainier-Auto-Hall	5.000	»
Messageries Maritimes	10.000	»
Société Nouvelle Decauville	1.000	»
Société Anonyme de Crédit Annamite	10.000	»
Société Immobilière de l'Indochine....	2.000	»
Société Industrielle et Commerciale d'Annam	25.000	»
Charbonnages du Tonkin	20.000	»
Compagnie du Cambodge	5.000	»
Société des Plantations des Terres Rouges	5.000	»
Compagnie des Caoutchoucs de Padang	5.000	»
Société Indochinoise de Transports....	5.000	»
Compagnie Générale de Télégraphie sans Fil	5.000	»
Société des Transports Automobiles du du Tonkin	500	»
Compagnie des Chemins de Fer des Colonies	500	»
Compagnie des Chemins de Fer d'Indochine et du Yunnan	20.000	»
G. Troude et Compagnie	500	»
Indochine-Films et Cinémas	2.000	»
Comptoir Lyon-Alemand	5.000	»
Société Française d'Entreprises de Dragages et de Travaux Publics	5.000	»
Académie des Sciences Coloniales....	1.000	»
	725.000	»

II. — Souscriptions individuelles.

S. M. Bao Dai	10.000 »
MM. A.-R. Fontaine	50.000 »
O. Homberg	10.000 »
Louis Jacque	5.000 »
Emilien Mazet	5.000 »
Charles Triadou	5.000 »
Emilien Bertrand	2.500 »
Jean Comte	500 »
Le Marquis de Barthélemy	2.000 »
Sauvage	10.000 »
Pagès	5.000 »
Pierre Briffaud	10.000 »
Baffeleuf	1.500 »
Vigne	5.000 »
Ippolito	2.500 »
Maurice Le Gallen	5.000 »
Godard	5.000 »
Devaux	5.000 »
Pierre Guesde	1.000 »
Simon	5.000 »
Thion de la Chaume	5.000 »
Thoumyre	500 »
Boyaval	5.000 »
Piot	5.000 »
André Fontaine	5.000 »
de Trégomain	100 »
Edgard Stern	1.000 »
Calmette	5.000 »
Sambuc	1.000 »

Schwob d'Héricourt	5.000	»
Marquié	100	»
Jules Berthet	500	»
de la Noë	1.000	»
le Révérend Père Robert	2.000	»
Samson	2.000	»
Lamorte	5.000	»
Larre et Coueslant	4.000	»
Saint-Chaffray	3.000	»
Chapsal (Sénateur)	1.000	»
Gigon Papin	500	»
Caillard	500	»
Deprez	100	»
Henri Bourgoin	500	»
Alphonse Denis	5.000	»
Monguillot (Noël)	13.804,30	
Pierre Delsol	600	»
Paul Fauque	1.000	»
Rochatte	1.000	»
Despinoy	500	»
Belugou	1.000	»
le Doc-Phu Nguyen-Van-Vinh	30.000	»
le Personnel des Distilleries de Cochinchine	7.217,40	
le Personnel des Distilleries du Tonkin	6.500	»
Chanjou	100	»
le Résident de France à Sontay, le Thuan-Phu et les communes	2.465,15	
Klein, administrateur, maire d'Haïphong	100	»

Hoang Bao Lock, Haïphong.	1.000	»
Nguyen Huu Thu dit Sen, Haïphong	10.000	»
Trinh Quy-Khang, Haïphong..	2.000	»
Vu-Van-Tham, Haïphong	3.000	»
Nguyen Hgoc Phong dit Syky Haïphong	300	»
Nguyen Thua Dat. Haïphong..	1.000	»
Pham Kim Bang, Haïphong...	5.000	»
Do Huu Thuc dit Caïba, Haïphong	1.500	»
Nguyen Van Dao, Triphu de Vinh	30	»
David Jessula	500	»
Thiéry	387	»
Auguste Thiolier	100	»
Truong-Tan-Vi, Chaudoc	10.000	»
Charles	1.000	»
	302.813,85	

Souscriptions : Sociétés et Groupements	725.000	»
Souscriptions individuelles	302.813,85	
	1.027.813,85	

ACHEVÉ D'IMPRIMER LE PREMIER SEPTEMBRE
MIL-NEUF-CENT-VINGT-HUIT, POUR LE COMITE
DE LA MAISON DE L'INDOCHINE,
10, RUE LA-BOETIE, A PARIS.